Made in the USA
Monee, IL
15 August 2023

41078830R00138